3分鐘未來日記

【1書+1日記】
寫下的願望真的都實現了！

未来先取り日記 "朝3分書く"だけで、もうあなたは幸せになっている

山田弘美、濱田真由美 著
龔婉如 譯

四十九天後，好事將發生在你身上，
這絕非偶然。

每天早上空出三分鐘，一天一頁往下寫。

1 寫下今天的日期。

2 一筆一畫仔細描摹淺灰色印刷的文字。

3 配合當週主題，以過去式寫下希望發生的事情。

簡單的幾個動作，
就能將潛意識的想法及想像，
轉變成願望實現的想法及想像。
一起用「未來日記」開始新的一天吧。

目錄 contents

Chapter 1

你希望今天發生什麼事情？「這樣寫」「這樣用」讓好事不斷發生

Chapter 2

為什麼這麼有效？七週內你的大腦和內心將發生什麼事？

Chapter 3

這樣寫就能帶來改變！人生從此不同的七個故事

前言
你也能感覺到美好事物即將來臨

如果日記裡所寫的一切都會成眞，你會怎麼想？

做什麼都很順的人，能自由創造出理想中的世界。量子力學已經證實了這個理論並持續有新的發現，而且這種「心想事成」，也可能發生在你身上。

本書作者山田弘美及濱田眞由美，經過長時間的親身實踐與不斷嘗試，研發出只要每天跟著描摹，就能自然而然掌握訣竅的「未來日記」，獻給每一位讀者。

即使不了解其中的原理，只要跟著描摹，一筆一畫仔細書寫，你就能被引領進入心想事成的世界，一一實現心中的願望。

「未來日記」誕生自山田弘美悲慘的經歷，爲了反轉那段痛苦的過往，經過一番艱難奮鬥才終於完成。雖然這段過去不堪回首，還是會由山田在序章中爲各位介紹。

「未來日記」的寫法和一般日記不同。經過不斷嘗試、調整與改良之後，我們發現一些書寫的訣竅，並將這些祕訣濃縮後加進日記之中。第一章將介紹書寫日記的方法及使用重點。

「未來日記」的內容爲什麼會成爲現實？知道箇中原因之後，相信任何人都會想要試著寫寫看吧？

第二章將引用各種科學研究的結果，爲大家介紹日記內容成眞的原因及根據。

「未來日記」本來只是我們手工製作、在講座中發給學員的小冊子而已。許多學員與我們分享使用後不可思議的體驗，濱田將這些體驗分享到非公開社群，於是其他有興趣的人也開始使用這本小冊子，而且都很快就體驗到日記內容成眞。第三章將會介紹這些學員的經驗談，並說明日記爲什麼會成眞。

最後，是本書最重要的實踐，也就是「未來日記」本體。

我們希望每位讀者都能馬上順利體驗，因此推薦大家直接描摹、寫下自己想寫的內容，直到寫完最後一篇。書寫時最重要的就是帶著好心情，因此我們將「未來日記」設計成可以平整攤開書寫的小本子。

寫在「未來日記」裡的內容，將從今天開始成眞。

祝願好事降臨於每位讀者，以及出版本書時提供協助的每位朋友身上。

—— 序章 ——

只須描摹49天的祕密
「未來日記」是這樣誕生的

怎麼還都還不完，持續增加的一千五百萬負債

當時的我，負債一千五百萬元，錢包裡僅有幾張百元紙鈔和少許零錢。離婚、失業、沒有收入。我帶著七歲的孩子回到娘家，卻每天癱在床上，下不了床……

本書的作者之一山田弘美，曾經有過艱困的過去，經歷了許多波折，只求翻身。

即使身處谷底，希望之光仍然存在於某個看不見的角落裡。但因為一直垂頭喪氣，完全沒有察覺光的存在，所以繞了好大一圈才又重新找到幸福。

好不容易終於抬起頭，才發現遠方微弱的光。之所以能夠朝著光毫不

猶豫地邁進，都是因爲有「未來日記」的陪伴。

只是每天早上書寫三分鐘，爲什麼就會有好事發生？爲什麼能產生巨變？爲什麼能預知未來？爲什麼會有奇蹟發生呢？

爲了讓更多人知道這件事，我努力回想「未來日記」誕生時的那段往事。那時實在太痛苦了，痛苦到我不願想起……

當時前夫從事店面的企畫設計與施工工作，他是個很重朋友的人，就算被騙也絕不口出惡言。沒想到這個優點卻害慘了他。

某個時期朋友陸續幫他介紹了醃菜店、甜點店、鮪魚專賣店的店面工程案，每個案子的規模都有幾百萬到將近一千萬。過去不曾有人在短時間內介紹這麼多案子，而且都是感覺有些奇怪的新客戶。和這幾個案子的業主聊過之後，怎麼說呢……總覺得商店本身好像跟老闆不相干似的，讓人不禁懷疑，真的有要開店嗎？

我有種不好的預感，於是拜託前夫：「我總覺得怪怪的，有種不好的預感，這些案子不要接算了。」但前夫認為我的想法沒有任何根據，所以聽不進去。沒想到就在他接了這三個案子之後，「意外」發生了。

後來我才知道，當時很流行一種詐騙手法，這些人拿著工程報價單去跟銀行貸款，並發包給業者施工，之後不論貸到幾成，他們都不會付款給承包業者。

前夫運氣差，被這些人騙得很慘。或許他們各有自己的難處，但施工過程中，我們再也找不到這幾個老闆了。

一直以來，我都是等慢慢存到錢以後才敢買較高單價物品的人，沒想到居然會和委託幾百萬工程卻不打算付錢的人扯上關係，而且沒有做錯任何事的人，還必須收拾所有殘局。遇到這種不合理的事，我真是無言以對，完全不知道該如何處理。

錢包裡只有幾張百元鈔票和幾枚銅板

這三家店之中，只有醃菜店繼續營業。有次我鼓起勇氣打電話過去催款，是女老闆接的。這位老闆的聲音沙啞、非常有特色，沒想到她一聽到我的聲音就馬上變聲回答說：「老闆不在。」

從小師長就教育我們不能說謊，沒想到電話那頭的長輩，卻臉不紅氣不喘地扯這種馬上會被戳穿的謊話。我真是氣炸了，但生氣也沒用，還是沒辦法叫她付錢。

我站在廚房裡木然地望著冰箱。午後微弱的陽光，廚房非常陰暗，我的心中滿是悲傷和苦悶。

被逼到絕境後，我拜託前夫寄請款單向他們要錢，但前夫好像很討厭我說這些話，只是一味地等待，沒有任何動作。

我們家的經濟突然陷入困境，我甚至動用了出社會後存很多年的存款，還將十八歲以來每個月繳款的養老保險解約，全部拿去還債。錢包裡最多只有兩、三張百元紙鈔和幾枚銅板。

當時我兒子還在讀幼稚園，平常除了生日和聖誕節之外，他不曾開口要過禮物。有天他突然對我說：「我想學游泳。」

我很想送他去學游泳，但我們家裡卻連每個月一千五百元的學費都拿不出來。

一直到現在，每當看到兒子游泳游不好的樣子，我就會想起當時。

「求求你跟我離婚」

就算我們被騙，該付給業者的錢還是要付，這樣的想法讓我們走上向親戚借錢這條路。這筆債讓我們變成過街老鼠，大家都不想和我們扯上關係。接下來的十幾年我都過得非常辛苦，但還是無法還錢，於是前夫去借高利貸，後來甚至連我的名字都拿去借。

不管我們如何掙扎，還是無法脫離最糟的狀況。每天忙著周轉，我的臉上逐漸失去笑容，身體開始出現狀況。有一天肚子痛到實在撐不下去，到醫院檢查後才發現是胃穿孔。

我實在太想脫離這個狀態了。

「用我名字借的錢，我會自己想辦法還，求求你跟我離婚。」

我拜託前夫和我離婚，帶著年幼的孩子回到了娘家。

身心俱疲之下，我幾乎每天都躺在床上，完全起不了身。娘家的媽媽會給兒子一些零用錢，兒子把這些錢存下來，在我生日時買自動鉛筆和原子筆當作禮物送給我。兒子買的都是高價位的款式，不像小孩會買的東西，給了我很大的驚喜。

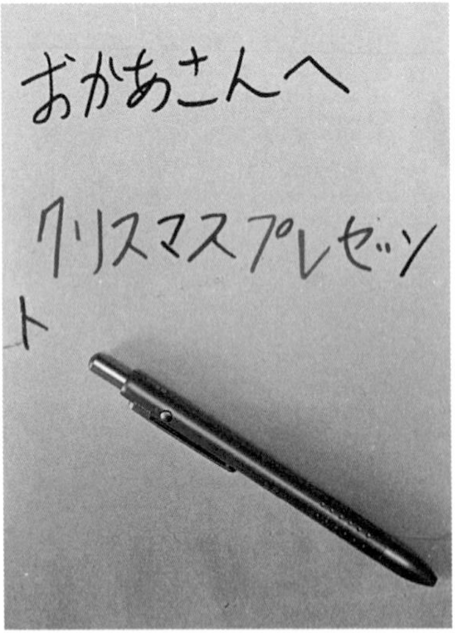

兒子送的禮物是我最珍貴的寶物。

兒子送的特殊筆記本

體力恢復到差不多可以工作的時候，我找到一份足以支付生活費及債務的業務工作，週末及國定假日也要上班。因爲我離婚後搬回娘家，不但同住的家人和生活跟之前完全不同，剛上小學的兒子也因爲轉學而承受心理創傷，但假日我卻無法陪在他身邊。偏偏這個時候不知哪裡來的自信，我突然有了「創業」的念頭。

當時我所從事的工作，是從工程公司那邊接案，再提供空間設計及諮詢建議的服務，這份工作讓我燃起了夢想。同時，我也開始學習如何用網路工作，並研讀心理學。

沒想到就在這個時候，媽媽突然對我宣布：

「家裡沒有錢養你們母子。而且你們一直住在家裡，弟弟怎麼結婚？妳搬出去吧。」

之前被騙的錢還沒還完，我怎麼有辦法搬出去？加上工作也剛起步，我不能理解媽媽爲什麼偏要在這時候趕我出去，她明知道我沒錢在外獨立生活。當時我好恨她。

就在這時候，某天兒子送了我一本筆記本。這次他送的同樣不是學生用的筆記本，而是比較高級的款式，封面還有一層透明樹脂書套。兒子還用黑色油性筆在胭脂色的封面寫下「送給媽媽的禮物」幾個字。

「我要將這本筆記本用在特別的地方。」

我在心裡暗自發誓，絕對要讓兒子幸福。

就算身上只剩一塊，也能正面思考的祕密

之後我便毅然決然搬出娘家。因爲沒有家具，我想用轎車載兩趟應

該就可以搬完了，所以只找朋友幫忙。朋友猜我沒錢買家電，所以幾個人合資買了一台洗衣機送我。另外有朋友幫我弄來一台便宜的中古冰箱，還有人把家裡用不到的眞空管電視機送給我。多虧朋友幫忙，之後我只花了三千元買一張餐桌加四張餐椅，就開始在新家生活了。

雖然我打算藉這個機會以全新的心情面對未來，但這麼一來，負債就變成一千五百萬。不管怎麼還，都只能還到利息，本金一毛也沒少。但我沒察覺到這一點，還繼續借錢來還錢和支付生活費，所以負債越來越多。

終於我還不出錢了，開始收到催繳通知。每當電話鈴聲響起，我就渾身不舒服。

到最後，我身上只剩一塊，電費遲繳兩個月，毫無預警被斷電兩次。雖然不繳錢是我的錯，但工作到一半電腦突然被迫關機，檔案都不見了。我心想：「斷電之前至少說一聲嘛，沒有電，我怎麼賺錢繳電費？」沒想到自己居然會有這種想法，我覺得好悲哀。

在這種狀況下，我還是決定要積極過日子。舉例來說，一般人都覺得有錢人的錢很多，但我有個企業家朋友，雖然名下有不動產，卻沒辦法馬上拿出現金。一想到這裡，我就告訴自己：「我的孩子是用錢也買不到的，對我來說他就是我的資產，就跟有錢人擁有不動產一樣，只是沒辦法馬上動用。」

如果有人要我把孩子賣給他，我會認眞計算對方出多少錢可以勉強答應。如果政府的一般預算和特別預算加起來有一百兆，那兒子應該有一％以上的價值吧。然後我會告訴自己：「我的手上有價值一兆元、但無法馬上變現的資產。」提醒自己隨時保持富足的心情。

「心想真的能事成嗎？」抱著這樣的想法開始寫日記

當時我有一個才女好友叫作咪咪，和我同一時期創業，教我許多事情，給我很大的幫助。

我有一個部落格，當初也是咪咪手把手地教我如何設定才架起來的。第一次辦講座時，在現場幫我拍照的也是她。剛創業時她一直給我案子，堅持不要折扣，要求我報原價給她。咪咪就像空氣一樣，理所當然地陪在我身邊，彷彿眞正的天使，隨時指引我正確的方向。

某次我們聊到工作該怎麼進行、對什麼事有興趣之類的話題，聊到拿破崙・希爾的《思考致富》裡的「心想事成」。

「不如我們來試試到底是不是眞的。用什麼方法試比較好？」

最後，我們決定每天早上先寫好當天的日記，假裝一天已經結束，在日記裡寫下：「今天一整天眞是太棒了！」我們聊得好起勁，覺得這個方法怎麼那麼棒！

如果心想眞的可以事成，那麼早上寫的內容就會成爲事實。如果執念讓我們綁手綁腳，反正人都是寫過就忘了，這樣不是剛好嗎？而且，這麼做可以讓一整天有個好的開始。怎麼想都覺得好處多多。

咪咪接著說：「我們還要互傳訊息，把『眞的實現的事情』告訴對方。」

因爲長久以來受到太多折磨，那陣子我不相信任何人，所以即使心裡想著要變好，遇到事情時還是會無意識地往不好的方向想、說出負面的話。但聰明的咪咪完全不勉強我，也不會不耐煩，只是努力改變我的想法和言行舉止。我想她並非刻意爲之，而是直覺知道我可以變成這樣。

我決定用兒子送的筆記本來寫日記。

這樣寫更容易心想事成

隔天起，我們就開始分享哪些事情真的實現了。這麼做讓我在艱苦的生活中得以放鬆，對我來說是非常寶貴的重要時刻。當時的心情我記得非常清楚，彷彿昨天剛發生過一樣。

剛開始，我決定先寫簡單一些的內容，例如：

「今天搭電車去大阪，居然有位子坐。」

過了一陣子，不可思議的事情發生了。我開始常常遇到正好有空位，或是電車裡明明很擠，但坐在我前面的人會突然起身衝出月台，好像忘記什麼或是發現自己搭錯車似的，空出一個座位在我面前。

每天分享日記裡成眞的事情，讓我們非常開心。我每天越來越期待「未來日記」要寫些什麼、有什麼事情會發生。

當然，也有些事情沒有成眞。像是我最希望能夠把債還完這個願望，不管寫了幾次還是沒有實現。日記裡還寫了許多難以對他人啓齒的事情，不過沒有實現就不用分享，所以心情非常輕鬆。

某天我一時興起，將日記裡已經實現的事情用筆圈起來。圈完之後發現，實現的事情都有共同的寫法。這些事情都是以非常簡單、正確而優美的文字寫下，而且都有使用「實在太感謝了」「開心」「好高興」等正面情緒的敘述。

相反地，那些沒有實現的事情，或許是因爲帶著一種「非實現不可」的執念，所以雖然寫得很愼重，卻似乎感受到牽強的情緒，變得又臭又長又難懂。

隔天我跟咪咪分享這個重大發現。咪咪不愧是我的天使，也替我高興得不得了。

願望並非實現就是好事

後來我慢慢抓到書寫「未來日記」的訣竅，甚至虛構了魔女「金妮」這個角色，在日記裡向她許願，或是向宇宙下訂單，慢慢的可以用比較輕鬆的心情做這件事。

那時候最想實現的願望，就是一直被催討的三百萬元可以馬上還清，所以我就在日記裡向金妮許願。就在我用各種寫法嘗試了好多次之後，發生了一件不可思議的事情。

有個來幫忙搬家的朋友在餐廳工作。某次到他餐廳吃飯時，坐在隔壁的陌生男子突然沒來由地跟我說了一些話。

「我父母有一筆錢放在銀行裡都沒用到，我想拿來投資。」

一般人不會對不熟的人說這些，我實在感到很奇怪。如果是以前的我，大概只會順著他的話說：「是喔，那麼多錢啊。」然後默默離開吧。

但那時，我突然閃過這樣的念頭：「這該不會是『未來日記』的效果吧……」

所以我告訴他：「其實我在做這樣的生意，正愁沒有資金。你願意投資我嗎？」

沒想到這個人居然說：「好啊。」

我們兩個人才第一次見面，他卻毫不猶豫地答應我，眞是越來越奇怪了。我根本不認識他，也不知道之後會怎麼樣，而且這本來就是一件很難以置信的事，我想他應該是開玩笑的。

結果他居然眞的分三次把錢匯給我。更不可思議的是，總計金額居然剛好就是三百萬。

但最終我沒能好好掌握這個幸運。好不容易找到願意投資我的人，也跟他約定好「這一天可以開始收到投資報酬」，卻沒辦法遵守約定。

剛好就在這個時候，這位投資人的身體出了一些狀況，景氣也不太好，他要求我早點把錢還給他，於是這筆三百萬再度成爲負債。爲了還出這筆錢，還歷經了一番波折。

這個悲慘的經驗讓我知道，「未來日記」的寫法非常重要，即使願望實現，也會分成幸福或不幸兩種截然不同的結果。

也就是說，正確的許願方式會在願望實現後帶來幸福，而不正確的許願方式卻可能帶來不幸。

關鍵在於「以幸福的方式」這句話

我和咪咪就這樣每天互相報告實現了哪些事情，繼續寫「未來日記」。幾個月後，我已經不再有「自己很不幸福」這樣的念頭，不管是之前用假工程騙我們的三個客戶、把我當成「過街老鼠」，恨不得我消失在眼前的親戚，或是把我趕出家門的媽媽，原本心裡累積許多對他們的怨氣，也都消失無蹤。

雖然狀況還未完全好轉，但已經慢慢變好，所以後來我們兩個便停止繼續分享。

這本寫有「送給媽媽的禮物」幾個字的筆記本，和寫在裡面的日記，讓我懂得與人分享、做各種嘗試，這幾個月的時光帶給我許多寶貴的回憶。

這幾個月裡，我確定了「心想事成」這件事。就算大腦知道要多思考正面的事情，但如果心中有憤怒、悲傷、寂寞、執著等念頭，事情就會往反方向發展，並成爲現實。

我在「未來日記」寫下希望獲得三百萬，就是一個很好的例子：我只寫了「獲得額外收入」，但沒有寫到「以幸福的方式實現」，我滿腦子想的都是錢，沒有寫到任何關於幸福的事。當然這並非我的本意，但白紙黑字寫下來的內容就是如此。

因爲沒有寫到希望以幸福的方式實現，所以經歷了一番波折，幸好最後還是解決了問題。只要不是因爲失去至親而獲得保險金這種無可挽回的結果，其實已經算是萬幸了。

寫願望的時候，一定要記得寫下「幸福」兩個字。（本書所附的「未來日記」都已經包含了以幸福的方式實現願望的範例，大家可以放心。）

人生從此開始改變

藉由這本日記，我更明白「心想事成」這句話並不是隨便說說，而是再平常不過的常識。書寫的過程中，我發現許多事情和原本的認知完全不同，進而開始相信，並讓這些事成爲新常識，人生也開始產生變化。

抓住這些訣竅之後，即使沒有日記，慢慢地我也能做到「心想事成」。在日記裡以「預知」的方式寫下希望現實生活中發生什麼事情，能讓我意識到隱藏於內心深處的悲傷、憤怒、懷疑與不安，並且有意識地、不斷地將這些置換成幸福與感謝等情緒。因此，下意識所想的事情也就自然而然產生變化了。

在摸索及反覆確認的過程中，我體驗到許多事實，即使未來在某些時候感到迷惘，筆記本裡留下的紀錄也能馬上啓動並修正，帶領我朝有光的地方前進，成爲我的指南針。

以前我的個性非常開朗，喜歡與人接觸，每天都過得很開心。但後來經歷了很長一段痛苦的日子，使我在無意識間累積了許多憤怒與不安。其實世界上還是燃著希望之光。只要慢慢抬起因沮喪而低垂的頭，察覺光的存在，就能找到遠方的光，並一步步往前邁進。當時的我卻沒有察覺。

當時，有一個持續發光的燦爛太陽在我身邊、在我心中，並沒有躲藏於烏雲之後。我的兒子就是最初的光。但是我繞了好大一圈，才找到這個光，找到出口。

過程中，一直默默陪在我身邊的是「未來日記」，和持續書寫不間斷的自己。不知不覺中，我一直藉由日記與最重要的自己持續對話。這時我才終於體會「世上最強大的夥伴是自己」這句話，察覺所有事物的本質，也就是幸福的源頭，原來就是自己。

想不出可以寫什麼「好事」？

在我確定心想可以事成之後，不管發生什麼讓我內心動搖的事情，也能馬上切換心情與自己對話，朝著光的方向，以好的方式心想事成。而且可以靈活運用於各種領域、各種用途。

之後我出版了《招來好運與財運的居家設計》（書名直譯），賣出超過六萬本。舉辦的講座也受到歡迎，有越來越多公司找我做室內設計。從此，我的生活和以前當上班族或是辭掉工作在家裡幫忙時完全不同，花了十年還完一千五百萬的負債，現在每天過著幸福而自由的生活。

同時，我也與那段期間認識的新朋友濱田眞由美，共同舉辦名爲「快樂實現願望．享受幸福生活」的講座。某次我們兩人討論以後要辦什麼講座比較好時，我突然想起日記的事，於是取得了日記原創人咪咪的同意，開始在講座中介紹「未來日記」。

但是，參加講座的學員卻沒有從中得到好成果。

我努力想找出原因，發現大部分人都有一個困擾，那就是「想不出什麼好事，所以沒辦法寫，無法持續」。

以前我也常常想不出可以寫什麼好事，也因爲書寫和運用的方式不正確，所以有過很多失敗的經驗。

但當我被逼到絕境、只能抓住最後一根稻草的時候，那根稻草就是「未來日記」。我緊緊抓住日記不放，失敗了仍然繼續嘗試，才終於掌握到訣竅，可以靈活自由運用。

我抱著一定要讓兒子幸福的決心，寫了又刪、刪了又改，在塗塗改改的過程中抓到訣竅，或許是因爲已經被逼到絕境的關係吧。

而參加講座的學員並不像我當初那麼窮困、不像我被逼得那麼慘，大部分的人只希望日常生活中的人際關係、工作，以及與男女朋友或配偶之間能夠過得更好，比現在更順利。

既然這樣，就讓大家描摹吧！

於是，我和眞由美決定到我位於京都的家中，一起手工製作印有範例的小冊子。工作途中我們到附近散步，走進一家和紙專賣店，無意間看見某項商品，不禁倒吸一口氣。

「就是這個！」

我們看見的是和紙專賣店都買得到的抄經用宣紙。

我和眞由美到高野山參拜的時候，曾經在下榻的寺廟參加過抄經體驗。剛開始只是乖乖跟著抄，抄了一會之後開始產生「我要寫好一點」的念頭，沒想到字卻開始歪七扭八。當我再返回初心、專心埋首於抄寫之中，就能寫得很漂亮。這件事很有意思，感覺就跟靜心一樣。

「如果大家想不出要寫什麼，不如就讓他們描摹！掌握描摹時專心一致的感覺，就跟期待願望實現的感覺一樣呀！」

眞由美也非常贊成這樣的方法，於是我們趕緊回家，一口氣想好所有描摹的句子，然後設計、列印，就這樣完成了「未來日記」。這時候還只是手工的小冊子而已，不像現在是印刷本。

如果只有七天，感覺不到太大的變化，所以我們爲每個星期設定不同主題，設計成持續四十九天的日記。剛開始很簡單，後面比較難，讓大家在循序漸進描摹的過程中，內心也能跟著產生變化。

趕工製作這些小冊子時，我們只有一個念頭：

「希望這樣的描摹方式可以讓更多人更順利。」

因為實踐「未來日記」而實現願望

在講座中使用這本小冊子之後，馬上得到各種心得回饋。

- 一直很擔心能不能順利籌到幾天後到期的九萬元貨款，於是在日記裡寫下：「順利周轉成功了！」沒想到就收到十二萬元的匯款！真是太感謝了！
- 受到新冠肺炎影響，公司的營業額比去年少了二〇．二%……我把在「未來日記」裡學習到、掌握到的技巧加以實踐，隔月的營業額居然增加了五一．四%！到底為什麼啊！

・為了配合第一個星期的主題「小幸運」，我把心情也調整到準備接納幸運的狀態。寫到第九天時，工作居然獲得公司所長的肯定，還送我蛋糕，讓我忍不住滴下斗大的淚珠。我越來越感謝並尊敬所長了。

・趁著這次搬家，想要一筆錢買車、迎接新生活。就在我寫下「得到一百五十萬現金！」的三天後……一百五十萬突然進來了!!本來以為這筆錢拿不回來，居然就這樣來到我手上。這真的是奇蹟!!

・以前我常感到不安，但持續四十九天之後，我希望自己的人生是開朗、快樂且充滿期待的。我已經七、八十歲了，一直很想在搬家前見見老朋友，本來以為疫情期間是不可能了，沒想到願望居然實現！謝謝真由美、弘美，太感謝兩位了!!

・今天早上進入第三週。以前老公總是罵我刷卡刷太多，沒想到現在居然謝謝我願意節省，真是嚇壞我了。我會持續寫下去。

・寫完了四十九天，我已經寫到第二本，今天是第五十二天。以前只會傳訊息的老公，居然親口對我說「生日快樂」。還受邀參加偶像的工作坊，在會場感受到大家滿滿愛的能量，簡直就是奇蹟。以前一直很想和朋友一家人去溫泉旅行，但時間老是喬不攏，最近也順利成行了！

・即將收到第二本未來日記。有機會學習烏克麗麗並為之著迷、朋友變多了，發生了很多巧合的事，讓我更有信心相信自己！謝謝真由美和弘美製作這本未來日記。

- 我之前只寫了兩天，隔了一年半才又開始寫，現在是第二本。在日記裡寫下：「中了彩券！」結果一個月之後居然中了三千元！後來我想，早知道就直接寫中多少錢！我還寫過「希望把興趣變成工作，將快樂帶給他人」，一年後我架設了自己的網站，一切正在慢慢成形中。

- 開始寫日記第十八天。翻閱之前寫的內容，雖然都是一些小事，但差不多有八成都實現了，例如把東西放到拍賣APP裡賣得很不錯、順利把房間整理好、找到遺失的錢包。心情不好的時候，也比較懂得如何轉換自己的情緒。

- 我在第三天寫下「順利斷捨離」，原本停滯不前的斷捨離，在第五天就順利有了進展。想賣掉的東西也都賣到好價錢，多了一筆超過五萬元的額外收入。

• 在第三天寫到心目中理想的家，八到十天之後，家人突然聊起裝修房子的事情！進展得太順利，後來甚至聊到要整棟打掉重蓋！而且我即將擁有夢想中的個人工作室！

• 在第十一天寫到一直以來沒什麼自信，也不太喜歡烹飪，大約一個半月到兩個月後，發現自己樂於烹飪，還做出覺得「哇！這個好好吃！」的菜。家人朋友也稱讚好吃。

• 在第四十三天寫下：「不管發生什麼都是最好的結果！」那一天沒來由地心情有點悶，於是取消了和朋友的出遊約定，結果當天颱風來了，交通都停擺，而且出乎意料地馬上收到三件朋友送的超棒伴手禮。

・在第二十四天寫到有關理想的男性，結果和朋友外出用餐時，突然有位年齡相仿的男性自然地過來找我聊天。當時我就想，或許未來日記裡寫的東西真的會成真。

・寫下「多了一筆額外收入」，結果抽獎就中了三千元的餐飲招待券。

・已經進入第四週。工作獲得了改善，對於線上作業也比較熟悉，差不多可以上手了。慢慢發生了一些改變，上週還有網路廣播節目突然問我要不要上節目！

原本只是一本薄薄的小冊子，變成「未來日記」之後，本書的共同作者眞由美也重新寫了一遍，而且發生了以下這些大事。

• 在第六天寫到某樣一直很想要的東西，但因為價錢太高，再怎麼喜歡還是買不下手。後來終於想出方法，就真的買到了。

• 在九月六日寫下：「為了將未來日記送到更多需要的人手上，認真做了預購網頁。謝謝弘美教我這麼多，而且未來日記也確定要出版了。一切事情果然會以最好的樣子自然呈現出來！」結果九月的最後一週收到弘美通知「可能真的會出版喔」，接著十月七日出版社就通知我們：「企畫順利通過了！」

那本特別的筆記本將我從人生的谷底拉了出來，並且讓我察覺實現願望的訣竅。我們將這十年來的體驗，做成了只要跟著描摹四十九天就好的「未來日記」。

現在就讓我們將這本帶來無數奇蹟的「未來日記」送到你手上。

Chapter

1

你希望今天發生什麼事情？
「這樣寫」「這樣用」
讓好事不斷發生

利用早上時間寫下希望今天發生的事情——「未來日記」的基本功

「未來日記」是一本實現夢想與願望的日記，所以寫法與一般日記不同，請在每天早上寫下希望這一天發生什麼事情。就是這麼簡單的一個動作。這本經過特殊編排設計、實現願望機率極高的「未來日記」，請各位一定要試試。

書寫的三個步驟如下：

❶寫下今天的日期。

❷一筆一畫仔細描摹淺灰色印刷的文字。

❸配合當週主題，以過去式寫下希望發生的事情。

DAY 01

年　月　日

①寫下日期。

工作進行得比預期順利，
同事非常開心。
我也好高興。

③描完之後，以過去式在這裡寫下自己想寫的內容。

memo

1～2週後重讀，在這裡寫下發現了什麼。

②仔細描摹。

早上的三分鐘是黃金時間。
想像今天將成為美好的一天，
從今天開始寫未來日記。

提升實現機率的十個重點

重點一：空出三分鐘的時間

有些人或許想在同一天內一口氣寫完好幾頁，但這麼做無法獲得理想的效果。當我們勉強自己一口氣做好某件事情時，大腦會將這件事視爲「第一次的經驗」，需要耗費許多能量。例如，第一次接觸某種樂器，但只在第一天花一小時練習，之後便不再碰；相隔很多年後再花一小時練習，幾乎不會記得之前練習過的內容，所以無法學會。因此，每次練習都必須投注一樣多的專注力。

相較之下，短時間練習後睡一覺，睡醒後又進行短時間練習，再去睡覺——以同樣的節奏不斷重複同樣的行爲，我們的身體對這件事情的認知就會從大腦轉移到小腦，變成由身體記住，就可以在幾乎不耗費能量的狀態下無意識地進行。

就像學習樂器，每天練習便能慢慢學會，之後會在某天突飛猛進，到最後，甚至閉著眼睛也可以演奏。一旦學會了，即使短時間沒有接觸，過了很多年還是一樣可以不經思考就開始演奏。（有一種說法認為，重複三十六次以上就可以轉為長期記憶。）

因此，請各位務必確保每天空出三分鐘「自己的專屬時間」。

重點二：依序進行

第一週　小幸運

第二週　工作．家事．學習

第三週　新習慣

第四週　好心情
第五週　富足
第六週　自己的魅力
第七週　共時性

依照這樣的順序，每個主題連續寫七天，一共持續七個星期，共四十九天。即使後面有想要實現的願望或是感興趣的主題，也請大家依照順序從第一週的第一天開始，一天一頁寫下去。因爲日記內容是經過設計的，會帶領大家從容易實現的事情開始，慢慢往第七週的第七天前進，直到抵達內心眞正想要的東西。

只要依序往下寫，就能感受到前面比較容易實現的「預言」眞的成眞了。就像第三章許多體驗者的心得回饋，讓大家在一開始就感受到「哇！眞的實現了！」是很重要的，因爲「好開心！還想繼續寫！」這種情緒會提升願望實現的機率。

重點三：深呼吸之後仔細描摹

描摹的部分印成淺灰色，請大家先深呼吸，接著仔細描摹這些文字。描摹會讓你更容易感受到體驗者心得回饋中所說的幸運、奇蹟及不可思議的事情。所以請務必先描摹，再寫下希望今天發生的事情。

重點四：根據當週主題，以過去式書寫簡短的句子

日記的各個主題是依照實現的難易程度編排，只要跟著描摹的文句，再延續該主題的情緒，寫下自己想寫的內容即可。

日記的內容都是以過去式呈現，例如「因爲○○○○，所以做了

◯◯，眞的好開心。」盡量使用簡單、簡短、優美而正確的詞彙，可以提升實現的機率。

剛開始不妨多寫一些希望當天可以實現的小幸運，就會很容易馬上成眞。心裡有了「眞的實現了！」的情緒之後，會更有興趣、更期待日後實現其他願望，也會寫得更開心。

想法開始產生變化之後，大一點的願望才會比較容易實現。所以不要一下子就寫太大的願望，從容易實現的小幸運開始寫起。在過程中慢慢抓到訣竅，接著往下寫，這樣才不會繞遠路。

如果你突然獲得三千元的額外收入，心裡產生「早知道就寫三百萬元了！」這種想法，便是剛好的程度。

寫完七週後如果發生一些好事，你就不會覺得只是單純的偶然，應該會認爲一定是自己寫的日記內容引發的「共時性」所帶來的結果。

重點五：在日記最後加上表達情緒的句子，感受願望實現的心情

記得在日記最後加上感謝或開心的句子，例如「謝謝！」「太棒了！」「眞的是太好了」等，這樣願望會比較容易實現。如果不知道要寫什麼，就寫「太感謝了」。

我自己花了很長的時間才發現以下這件事。

凡事順利的人，經常帶著驚訝、開心、感恩的情緒。如果只是寫下「因爲這樣，所以那樣」這類反射性的內容，雖然大腦容易產生聯想，但從用心體會這點來看仍顯得不足。

請記得在日記結尾加入敘述好心情的句子，讓自己完全沉浸在這件事情眞的發生了、當天晚上帶著好心情寫日記的情緒之中。就當作是在練習「未來日記」寫的事情成眞，讓情緒也搶先一步感受。

寫完後，最好能發出聲音，將描摹的文字及自己寫的內容唸出來，就更有願望成眞的感受。如果只是用眼睛看過一遍，所有訊息是透過眼睛傳到身體內部，但唸出聲音的話，聲音的震動會透過骨傳導，從耳朵、身體的內部，由外、由內同時傳達進來（約有一成到九成的訊息會經由骨傳導傳到體內，比例因人、說話內容而異）。因此，唸出聲音更容易讓全身感受到這些訊息。

此外，還可以試試「預祝」。自古以來日本就有預祝的習慣，像是在櫻花樹下賞櫻，提前慶祝當季的稻米豐收，這就是一種「預知」。大家不妨在「未來日記」裡多多使用「恭喜」這樣的句子來提前慶祝。

重點六：如果真的想不出要寫什麼，只是描摹也ＯＫ

「未來日記」的內容經過設計，即使只寫描摹的部分，也很容易有好事發生，所以大家無須擔心。

如果真的想不出要寫什麼，卻又勉強自己拚命想，或是寫出與內心所想相反的內容，反而會有反效果。就算只是描摹印刷文字，也能確實發生作用。如果連描摹的時間也沒有，就發出聲音將描摹的內容唸出來；不方便發出聲音的話，在心裡默唸也行。大家可以選擇最適合自己的方式進行。

重點七：無法每天寫也無須介意

持續得越久，「未來日記」的效果就會越好。你會發現以前無意識刻在腦中、不必要的負面想法慢慢消失，最後完全被取代。千萬不要因爲一、兩天沒辦法寫日記，就放棄不寫，這樣太可惜了。不要有「我就是做什麼都沒恆心」這種自責的想法，即使斷斷續續也沒關係，不用太過執著於每天寫，隨時都可以重新開始並持續下去。

與其帶著「我一定要每天寫才行！」這種壓力，不如放鬆情緒，就算只是用眼睛讀、用嘴巴唸出聲音也可以，重點在於持續進行。

重點八：不回去讀之前寫過的內容

千萬不要每天翻回去看之前寫過的內容。請在持續寫了一到兩週之後，再回頭看前面寫了什麼；如果有某些內容已經成眞，或是有什麼新發現，寫在備註欄即可。

「書寫」這個動作會讓大部分的人感到安心，所以寫過之後通常就會忘記。就像在記事本寫下待辦事項清單，因為寫過就不必擔心忘記，所以能放心忘記，更能集中精神在眼前的其他事物上。也就是說，寫過的事情會比較能夠放手，而讓我們花更多心思在「當下」。

如果每天不停翻回去看，又會想起那些好不容易已經放手、忘記的事情，又開始擔心。

「未來日記」就是運用這種寫過就能放心忘記的原理，讓你忘了心中的執著與擔憂，藉以提升實現願望的效果。

重點九：選一枝喜歡的筆來寫「未來日記」

寫「未來日記」時要用什麼筆好呢？最好選一枝好握、好寫、筆身設計是自己喜歡的筆。雖然這只是一件微不足道的小事，但如果帶著放鬆、沉穩的心情來寫，效果也會更好。

重點十：與人分享願望成真的部分

如果能找到好朋友一起寫「未來日記」，並且彼此分享願望成眞的部分，就能帶著愉悅的心情繼續寫下去，也會更順利。

「未來日記」的誕生，就是起源於我和好友咪咪彼此分享願望成眞的地方。之後又與共同作者濱田分享，持續了很久後，現在甚至連不可能實現的事都成眞了，實現的願望有時甚至會令我們不禁失笑。

爲了這次「未來日記」的發行，我們成立了一個臉書社團，讓大家也能上網發表願望成眞的事情，與其他人分享。

相信大家對其他人身上發生什麼樣的事都會感到好奇吧。聽了其他人的故事之後，這些幸運也將發生在你身上，因爲幸運是會傳染的。大家也可以學習其他人的方法或寫法，爲彼此感到高興。因爲只要分享願望成眞的部分，不想說的不用說，不順利的部分也不用告訴其他人；心情低落或悲傷的時候，也不須假裝願望已經實現而發表不眞實的言論。這個空間沒有謊言與虛僞，每位讀者都可以參加，任何人都可以自由加入。

書寫日記的方法非常簡單，爲各位再複習一次。

❶寫下今天的日期。
❷一筆一畫仔細描摹淺灰色印刷的文字。
❸配合當週主題，以過去式寫下希望發生的事情。

希望大家都能透過每天書寫的過程，逐漸掌握前文介紹的十個重點！

「未來日記」書寫範例

寫完描摹的部分之後，接著要寫希望能夠成真的事情。許多學員反應不知道該寫什麼好，因此這裡為各位準備一些參考範例。一起從「小幸運」開始吧。

第一週　小幸運

- 平常搭電車都擠到沒位子坐，沒想到今天早上居然有空位，真是太幸運了。
- 差一點就趕不上車，還好公車誤點三分鐘，讓我順利搭上，好幸運！
- 突然好想吃咖哩，回到家後發現晚餐是咖哩飯。
- 前輩請我喝果汁。

- 進了咖啡廳，才發現飲料的分量比想像中還大。
- 搭電車時，隔壁座位的乘客超帥。
- 進停車場後剛好有一輛車出來，馬上有位子停。

第二週　工作・家事・學習

- （工作・家事・學習）時心情比以前更好了。
- 能專心於（考試・製作企畫案・烹飪）上。
- 我所提的（企畫・方案）通過了，真開心。
- 早上（工作・家事・學習）跟計畫中一樣順利。
- 營業額變高了。
- 收到客戶表達感謝的電子郵件。

第三週　新習慣

・打算從今天開始早起，鬧鐘設定五點五十五分，順利依計畫起床了。

・吃飯的時候咀嚼很多次，細嚼慢嚥地吃，吃一點點就覺得飽了。

・早上散步真舒服。

・向便利商店的店員和公車司機說「謝謝」。

・打掃完房間後才出門上班。

・勇敢拒絕了不想去的聚會。

・（抽菸．喝酒．衝動購物）的次數變少了。

第四週　好心情

・去車站搭車的途中常會碰到某個人，今天我對他打招呼說早安，對方回給我一個大大的微笑，實在太開心了。

・活動身體，流了一些汗，非常痛快。

- 下班時間前五分鐘把工作做完，有空準備明天的工作，心情非常好。
- 老朋友出國旅遊，收到他從國外寄來的信，讓我內心雀躍不已。
- 心情很好所以睡得很熟。
- 有時間慢慢品味最喜愛的咖啡，感受到全身放鬆的感覺。
- 看到〇〇的笑容，太幸福了。

第五週　富足

- 在特賣會中以半價買到一直很想要的衣服。
- 吃到美食。
- 打開水龍頭就能喝到乾淨的水。
- 在便利商店將找零捐出去。
- 寒冷的冬天可以睡在溫暖的被窩之中。
- 遇到困難時有（朋友．家人．同事）幫忙。

• 今天也看了搞笑節目而哈哈大笑。

第六週　自己的魅力

• 一直以為自己做事比較慢，會為大家帶來困擾，沒想到獲得主管稱讚說：「多虧你做事很仔細。」

• 自己以為是缺點的地方獲得別人稱讚。

• 很討厭做家事，但還是常整理家裡。

• 體認到再怎麼厲害的人也不是完美的。

• 試著對自己說：「你做得很棒！」

• ○○做得比昨天好一些。

第七週　共時性

• 正想打電話時，就收到對方傳來的訊息。

- 在書店裡隨手翻一本書，沒想到剛好解答了心中的疑慮。
- 想到香蕉，在收銀檯結帳時前面的人就剛好穿著香蕉的T恤。
- 沒搭上電車，結果在車站遇到高中同學，決定辦一場同學會。
- 一直很想吃某種甜點，就剛好有客戶帶來給我當伴手禮。
- 一天內兩度巧遇同一個人。

Chapter

2

為什麼這麼有效？
七週內你的大腦和
內心將發生什麼事？

將現實世界轉變為吸引「好事」發生的世界

「未來日記」是一本能幫助你實現夢想與願望的日記。你想吸引什麼好事、想獲得什麼？是人生的伴侶？發揮所長的工作、充裕的經濟能力、健康、自由時間？還是良好的人際關係？「未來日記」裡寫的都是我們希望「未來」會發生的事情，卻是用「彷彿事情已經發生了」的方式去寫。本章將爲各位介紹爲什麼「未來日記」會帶來這樣的效果。

大腦只會找出曾經意識過的東西

人類的大腦具有一種會努力尋找自己關注的事物的傾向。例如我們準備嘗試某種新挑戰，如果對大腦輸入「好像很難耶，失敗的話怎麼辦？我

為什麼這麼有效？
七週內你的大腦和內心將發生什麼事？

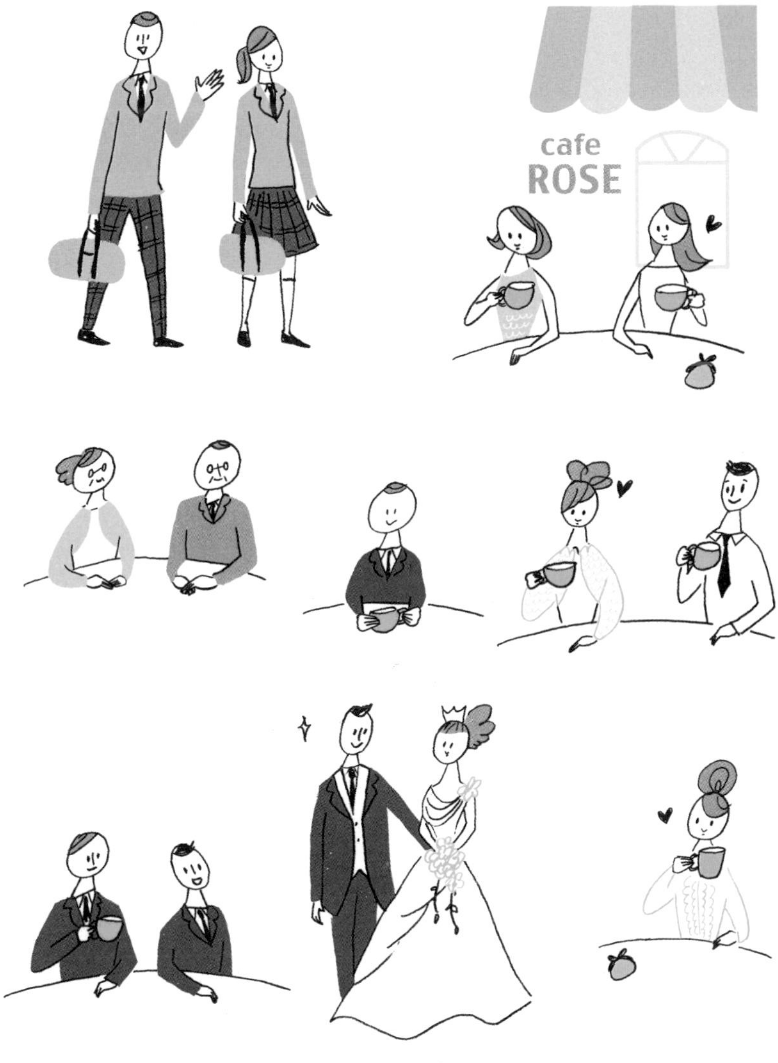

應該辦不到吧，乾脆不要算了……」的資料，大腦就會開始尋找辦不到的藉口，然後事情就很容易朝著不順利的方向演變。

而如果輸入的是「好像很有趣耶，雖然沒做過，但我覺得應該沒問題。我要試試看！」的資料，大腦就會開始尋找辦得到的理由，然後朝著順利的方向演變。

首先請大家回答一個問題。

請注視第75頁的插畫五秒鐘，並找出插畫裡有幾個杯子。

一共有幾個杯子呢？正確答案是七個。

下個問題，請不要翻回第75頁，只憑記憶力回答。

請問咖啡廳的店名是什麼？

我想應該很少人答得出來吧。

正確率僅僅只有〇・〇〇〇三六％！

我們每天看見許多東西，但大腦只會記住其中的一小部分。實際上映入眼簾的景象，幾乎都不會被我們認知。除了視覺，其他感官也是一樣。

美國心理學家提摩西・D・威爾森，在其著作《佛洛伊德的近視眼－適應性潛意識如何影響我們的生活》提到，短短一秒鐘內，會有高達一千一百萬個訊息，藉由五感進入體內。大家認為大腦能夠認知多少個呢？

答案居然是最多四十個！僅有〇・〇〇〇三六％。也就是說，幾乎所有訊息都不會被我們認知。

這是因為大腦只會接收必要的訊息，讓我們將注意力集中在最重要的訊息上。如果一千一百萬個訊息都進入意識之中，只會讓我們陷入混亂與崩潰。

想像一下你正和朋友坐在咖啡廳聊天，而你可以聽到店裡所有人的聲音。過度吵雜只會讓你無法集中精神與朋友聊天。大腦會在我們沒有察覺的狀況下，過濾龐大的訊息，篩選後才讓訊息進入意識當中。

〇・〇〇〇三六％有多小呢？以閱讀爲例，就像讀了一百一十本書，但只記得其中一行，還會因爲讀了這短短的一行，就覺得「世界就是如此」。

或是明明擁有三百萬元的存款，但只看見三萬元，然後大喊「我好窮，我好窮啊」。

留意到黃色汽車之後

那麼，大腦又是如何從如此龐大的訊息之中篩選出其中的〇・〇〇〇三六％呢？

生活在0.00036%的世界

就像讀了110本書只記得

僅僅一行！

首先，大腦會選出「你想關注的事情」讓你看見。在剛才的問題中，因爲大腦讓你關注杯子，所以你會看到杯子，但是大腦沒讓你注意店名，所以你沒看到店名，對吧？或許你只看見杯子，但其實店名也出現在插畫當中。日常生活的一切也是如此。

在這裡和大家分享眞由美的眞實體驗。有一次眞由美打算買布幫女兒做萬聖節的衣服，因爲她平常沒有做手工藝的習慣，所以上網查詢離家最近的手藝材料行。沒想到常去的商店旁邊就有一家！

這家店一直都在，眞由美常常經過，卻完全沒有發現。對一直存在的事物視若無睹，就等於這個事物不存在於這個人的「世界」。

相信各位讀者也有過類似的經驗。本來對英文沒有興趣，某天突然興起學習的念頭之後，就常常在電車裡看到英文補習班的廣告，或是開始聽到朋友聊到英文補習班的事情，YouTube 也開始出現相關的廣告。

如果你想買一部黃色的車，本來之前在路上從沒看過黃車，那一天開始就突然很常看見。或許你會覺得是黃色的車突然變多，但其實並非如此，而是因爲你注意到黃色的車了，大腦接收到這樣的指令，於是提高了意識，讓你開始留意黃車。

在你世界中映照出的〇・〇〇〇三六%的世界，是一個怎麼樣的世界呢？是「符合期待的世界」，還是「不符合期待的世界」？你選擇的是哪一種？又映照出什麼？

如果是不符合期待的世界，例如這個世界映照出的都是環境破壞、對將來的不安、對健康的不安、經濟崩盤、戰爭、過去的悔恨、對他人的怨恨等，那是因爲你在不知不覺中都只關注到「不符合期待的世界」。

這個工具讓大腦關注你想實現的世界

如何確保大腦篩選後的○．○○○三六％是符合期待的世界，而不是不符合期待的世界呢？如何讓世界充滿我想要的，而非我不想要的？「未來日記」就是一本可以提供這種練習的日記。

只要描摹「未來日記」裡淺灰色的文字，就能讓你開始關注一直存在著、只是自己沒有察覺的事情，和你所期待的世界。

例如第二十四天的描摹內容：

「選擇讓自己心情好的聲音。開始會無意識地選擇進入耳朵的聲音。」

每天被忙碌的生活追著跑，我們幾乎不曾注意有哪些聲音進入耳朵。開著電視做事時，電視裡一些令人難過的新聞、事故或是八卦，都進到耳朵裡而不自知。但描摹過這句話之後，你會開始留意「讓我有好心情的聲音」，進而引導出「讓我有好心情的聲音是怎麼樣的聲音呢？仔細想想，其實我滿喜歡豎琴的聲音……」這樣的想法。

因爲你已經留意到「讓我有好心情的聲音．豎琴」，大腦就會接收到這個訊息並通知你。之後當你打開YouTube時，就會「偶然」看到一些「哇！是豎琴的曲子耶！這首感覺好舒服，應該會爲我帶來好心情」的音樂影片。

會覺得是偶然，是因爲你一直沒有察覺。但這其實是你發出「讓我有好心情的聲音．豎琴」這樣的指令，大腦自動爲我們搜尋的結果。

再舉第二十九天的描摹文字爲例：「日常生活中充滿非凡的富足。思考那些過於理所當然，而使我們忘記其存在的富足。」假設你現在手頭很緊，一直想著沒有錢，好想變得更富足，讀了這些句子之後，你就會留意到「因爲太過理所當然而沒有察覺到自己擁有哪些富足」這件事；接著，大腦就會開始搜尋。

「因爲太過理所當然而沒有察覺到自己擁有哪些富足……我擁有什麼樣的富足呢？對了，我的家人身體都很健康，因爲太過理所當然了，所以我一直沒察覺到。仔細想想，這應該也算在富足之中……原來這是一件多麼値得感恩的事情啊。」

我們的思想會受到這樣的引導。

當你開始留意到符合期待的世界，大腦就會開始幫忙搜尋符合期待的事物。

因爲看不見，所以我們認爲某樣東西不存在，但其實一切事物都是存在的。就如同第75頁的店名也存在於插畫當中，情感、富足、幸福等我們期待的一切，其實早就已經「存在」了，只是我們沒有看見、沒有認知到而已。在你留意到了之後，這些事物就會出現在你的世界。

開始留意符合期待的世界，對大腦下指令，讓大腦開始搜尋，而為大家進行這種引導的，就是「未來日記」。也就是說，「未來日記」像電視遙控器一樣，會在一瞬間將頻道從之前常看的藝人八卦或各種事故特別報導，轉到豎琴的誕生與美麗音色的祕密。

讓願望容易實現的心態

網路及社群網站上充斥著大量訊息，身處現代資訊社會的我們，任何事情都追求速度與效率。透過社群網路或電子郵件，任何人都可以在極短的時間內將訊息傳送到地球的另一邊。但同時，我們是否也逐漸遺忘提起筆一個字、一個字地仔細書寫，透過書寫正視自己，甚至是空出時間內觀、與自己對話呢？

每一頁「未來日記」都有一段描摹的文字，這是有特殊用意的。

那就是要你停止思考，讓心靜下來。

從早上起床到晚上就寢，我們的大腦一直在運作，不停思考。曾經有研究指出，一天內出現於大腦的念頭居然高達六萬個。

我們的大腦不斷在想事情，就算不說出口，也會不斷冒出「糟了！睡過頭了。鬧鐘怎麼沒有響？」「今天的天空黑壓壓的。雖然氣象報告沒說會下雨，但我是不是帶把傘比較保險？」「啊！有一份作業（工作）明天就要交了，還好有想到。」「今天晚餐吃什麼好呢？」等念頭，沒有片刻休息，完全無法放鬆。

描摹具有正念效果

「未來日記」每週有不同的主題，讓大家每天在文字上描摹。如果跟一般日記本一樣整頁都是空白，讓大家自己寫，或許你會有下面的想法：

「第四週的主題是『好心情』。我現在根本稱不上有什麼好心情，要怎麼寫？」

「我全身上下都是缺點，根本想不出什麼『自己的魅力』，寫不出來。」

因為「未來日記」裡已經印好一些句子了，所以不需要思考該寫些什麼。也就是說，你可以完全阻斷思考，只要集中精神、心無旁騖地照著描摹就行。

這樣的效果跟抄經一樣。只要留意「當下這個瞬間」發生的事情，感受手上的筆、看著現在寫的文字，將全部的注意力放在慢慢地、仔細地描摹。這是一種學習處於當下的正念體驗。

各位試過就會知道，雖然這些句子只有短短兩、三行，但一個字、一個字地仔細描摹之後，你會發現心情變平靜了，對事物的感受也會更敏銳。或許會突然留意到之前不曾注意過的鳥鳴，或許會嗅到房子裡滿溢的香氣，這樣的狀態與靜心和某種呼吸法的效果非常相似。

科學已經證實，靜心可以促使體內分泌各種物質，例如穩定精神的血清素、讓我們感覺良好的幸福荷爾蒙——腦內啡，使身體處於放鬆狀態。

而當描摹結束、要自由寫下日記內容時，便可以在這樣的放鬆狀態，帶著平靜的心情繼續寫了。

當我們的大腦被過多念頭塞住時，就無法獲得直覺，也想不出什麼好點子。讓自己放鬆可以提高腦波中的α波，進而提升創造性。

如此一來，會更容易從描摹的句子產生聯想，也比較容易想像得到願望實現的情境，並促成這些情境成為潛意識的一部分。

直覺的有效期限很短！

以第四十六天為例：「直覺的有效期限很短。想到什麼就立刻去做，得到了很好的成果。」假設某人心無旁騖地描摹完這些句子，接著回想起「從以前開始就一直很想去草津溫泉」，於是寫了這樣的日記：

「一直很想去草津溫泉，突然成行了。在這麼好的時機實現了願望，實在太開心了！謝謝。」

寫完日記之後，不多想地打開電腦，「草津溫泉超低價促銷!!」的廣告突然映入眼簾。查了一下，發現報名只到今天，於是馬上報名，用難以置信的低價去了一趟草津溫泉。這樣的事情眞的會發生。

手寫的效果

手寫這個動作，好處也比打字更大。艾倫．皮斯及芭芭拉．皮斯在其著作《答案：如何掌管自己的人生，成為你想成為的人》（*The Answer : How to take charge of your life & become the person you want to be*）中提到，打字時會使用到的手指動作只有八種，但手寫會用到高達一萬種。

因此，用手寫下期望的事情時，複雜的手指動作會加速大腦神經迴路的運作，你所期待的事情或對夢想的感受就更容易傳到大腦。

「未來日記」能讓心情更加平靜，引導我們活在當下，並維持放鬆的狀態。

讓心情平靜下來，描摹「未來日記」裡的內容，就好像在做一種準備：將種子播進促使發芽的優質土壤之中，使我們的內心隨時做好「夢想的種子」順利成長、開出美麗花朵的準備。

懂得如何運用「開心的想像」

我們的想像力具備難以置信的力量。許多研究都發現，想像的能力具有極大的力量，甚至會影響一個人的身體及心理狀態。

大腦無法區別實際發生的事情及想像中的事情。頂尖運動員會花很多時間在意象訓練上，就是因爲意象訓練也可以提升成績。

聽說花式溜冰選手羽生結弦挑戰新技巧前，一定會在腦中想像，預想自己在冰上跳躍的樣子。

除此之外，意象訓練甚至可以改變細胞。許多運動心理學的相關論文都曾發表過意象訓練可以提升肌力的研究結果。

想像的內容也會對情緒及想法帶來影響。某些正向心理學的報告指出，想像未來自己的完美模樣、對某件事抱持感謝，並將其寫下，就有可能提升幸福感並促進健康。

想保持快樂，要先改變「詞彙」

未來日記裡每一頁的描摹內容，都能讓各位想像符合期待的世界，關鍵就在於「詞彙」。

如果現在給你「請閉上眼睛想像」的指令，可能只會讓你滿頭問號，不知道什麼意思，所以無法做任何動作。但如果指令變成「請閉上眼睛想像香蕉」，你的腦海中就會立刻浮現香蕉。像這樣，想像力是需要詞彙喚起的。

例如聽到「環境破壞」，就會產生環境破壞的畫面，並出現「這樣下去地球要不要緊？」的想法，使心情變得憂鬱而難過。

不同詞彙帶給你什麼感覺？

詞彙	環境破壞	美麗的地球
↓		
意象		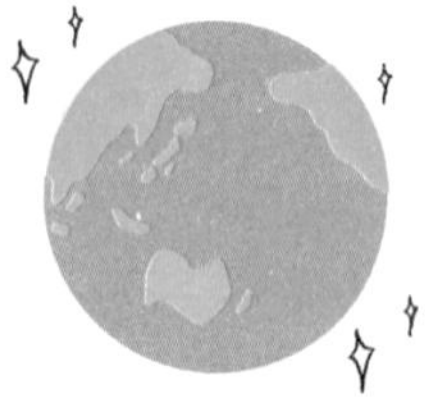
↓	↓	↓
想法	地球要不要緊？	賦予我們生命
↓	↓	↓
情緒 感覺	不安 難過	感謝 心裡暖暖的

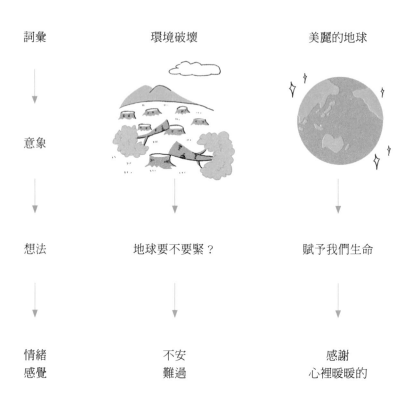

聽到「美麗的地球」，就會產生美麗地球的畫面，並出現「地球賦予人類生命」的想法，冒出「感恩」的感謝情緒，覺得心裡暖暖的。

這是一種「詞彙→意象→想法→情緒→身體感覺」的反應。

因此，如果你想一直保持好心情，感受幸福，首先要改變使用的詞彙。「未來日記」刻意使用許多讓各位想像符合期待的世界的詞彙。

實現願望的最佳方法

有些人覺得自己不擅想像，但並非如此。每個人都有想像力，差別只在於是否接收到引發想像力的詞彙，以及接收後是否能將這些詞彙轉化為「符合期待」的事物。

經常想像符合期待事物的人，總是心情很好，充滿期待與雀躍；而經常想像不符合期待事物的人，就會感到不安或不順心。其實每個人都正在使用其中一種想像力，只是自己沒有察覺罷了。

實現願望的最佳方法，就是想像自己想要達成的夢想，用所有的感官去感受，讓畫面鮮明，彷彿夢想已經實現了，並感受當時的心情。而「彷彿夢想已經實現了」的部分，就是我一直強調的「預知」。

每天書寫「未來日記」，便能將你原本就具備的超強想像力，運用於實現符合期待的世界。

不知不覺中改變行動的「促發效果」

請大家回答以下問題。

Q1）請在左邊寫下所有你想得到的水果，限時一分鐘。

Q2）請寫下第一時間想到的三個「紅色的東西」。

大家寫了哪些紅色的東西呢？應該有不少人寫了「蘋果」或「草莓」吧？

如果Q1問的是汽車，那麼Q2的紅色東西中，出現「消防車」的機會就會變高。

人的思考與行動都會像這樣，在不知不覺中受到前一刻認知到的詞彙、某一個畫面、某種不經意聽見的聲音等訊息影響。這在心理學稱爲「促發效果」。

曾有促發效果的相關研究指出，先讓受測者觀看許多與「高齡長輩」相關的詞彙，受測者走路的速度就會變慢，但本人並不會察覺。如果讓受測者看的是「跑者衝過終點的畫面」，工作速度就會在不經意之間變快。

在「未來日記」中，描摹的句子裡其實就加入了許多具備促發效果的詞彙。

以第十天爲例，打開這一頁後，描摹的句子會先映入眼簾。描摹的過程中當然也會看到句子。接著是自己想寫的內容，一邊寫的時候，描摹的句子也會進入視線。

隔天當你在描摹第十一天的句子時，或許你沒有特別留意，但其實前一頁描摹的內容也會進入視線。

如果好事接二連三發生……

「未來日記」要連續寫四十九天，描摹的部分是讓大家能注意到符合期待的世界，例如安心、和平、優點、充足、健康、滿足、希望、感謝、幸福等，而非不符合期待的世界，例如不安、紛爭、缺點、不足、疾病、不滿、絕望、埋怨、不幸等。

只要這些描摹的句子每天在不經意間進入視線，你的想法及行動也會在不知不覺中受到影響，在你沒有察覺的時候朝著符合期待的方向思考並採取行動。

許多學員在「未來日記」的體驗談中提到，「不知道爲什麼幸運的事情變多了」「身邊的人突然對我超好，眞不可思議」。這些人並未察覺自己的思考或行動已經改變，所以才會因爲身邊的人突然變得很好，或是好事接連發生而感到不可思議。

但這其實就證明了自己的態度或行動已經改變，例如表情變得柔和，只是自己沒有看見；或是臉上的笑容變多了、說話時的用字遣詞改變了、散發出感謝的情緒等。

外部世界是一面反映我們內心的鏡子，如果身邊的人改變態度或是發生了什麼不一樣的事，請這樣告訴自己：「一定是我的內心正在改變。」

請大家立即開始動手寫「未來日記」，相信很快就能體會到這種感覺了。

自然湧現開心雀躍情緒的思考模式

我們的大腦長久以來在無意識中累積了許多思考模式與想像，並時常湧現出來。「未來日記」的功能在於可以在不知不覺中，將長時間、無意識中累積的想法及想像，置換成可以連結至符合期望事物的不同想法及想像。

這裡請大家回答三個問題。

請在空格內填入第一直覺想到的答案。

(1) 物超所值（　　　　　　　　）♪

(2) 我沒有（　　　　　　　　）。

(3) 賺錢對我來說（　　　　　　　　）。

第一題，聽到「物超所值〇〇〇♪」，我想所有日本人都會自然接著唱「宜得利」，而不會出現「IKEA」這個答案吧（編按：源自宜得利在日本的洗腦廣告歌）。這就是大腦藉由「反覆」這個動作所達成的學習成果。看到同一個廣告不斷出現，就會在聽到「物超所值」的那一秒自然想起下一句「宜得利」。

思考模式也是一樣。因爲反覆聽到而被植入某些事物，這些事物就會自然而然冒出來。

(2)「我沒有（　　　　　　　　）。」大家都塡了什麼答案呢？

A）沒有自信、沒有錢、沒有好運氣、沒有魅力、沒有時間、沒有人脈、沒有才華、沒有信用、沒有勇氣、沒有希望、沒有光明的未來、沒有美貌。

B）沒有不安、沒有擔憂、沒有恐懼、沒有疑惑、沒有猶豫、沒有謊言、沒有虛偽、沒有表裡不一、沒有不可能。

幾乎所有人都會想到A組詞彙，應該只有極少數人選擇B組詞彙吧。會瞬間聯想到A組詞彙的人，經常是「因為（　　　　　）不足，所以渴望得到」，或是（不管自己是否察覺）隨時都在想這些事物。也就是說，常常會想著自己「沒有（　　　　　）」。

第三題的「賺錢對我來說（　　　　　　　）」，大家又填了什麼答案呢？

A）很困難、很辛苦、很痛苦、辦不到、花時間、不可能。

B）很快樂、很簡單、充滿期待、很重要、是一件好事、理所當然、棒透了。

這題也一樣，大多數人都會想到A組答案，不過當然也是有人選擇B組。

「只剩一半」「還有一半」——你是哪種人？

想像一下，當你打開冰箱，發現裡面的巧克力被吃了一半。

這時你會怎麼想？是「幸好還有一半，太幸運了」，或是「只剩下一半了」？

傳訊息請前輩幫忙，但遲遲收不到回覆。

你會覺得「他可能討厭我吧」，或是一點也不在意，只覺得「大概他今天太忙了」？

犯錯被主管罵時，你會覺得「我眞的很糟糕」而深受打擊，或是「犯錯讓我學了很多，之後要小心一點」？

參加講座時聽到講師說：「這麼做就會成功！」你會覺得「原來是這樣！我來試試」，或是「是嗎？這樣眞的會成功嗎？」？

聽到有人稱讚自己眞的很努力，你會覺得「沒錯！我眞的很努力了，給自己一個讚」，或是「哪有？我還早得很呢，要更努力才行」？

得知朋友實現了你多年來的夢想，你會覺得「這表示我離實現夢想也不遠了，下次絕對輪到我」，或是「爲什麼只有他實現夢想，我就沒有實現？太不公平了」？

即使事實只有一個，但解讀的方式卻因人而異。哪一個對、哪一個錯，哪一個答案比較好，並沒有正確解答。

無意識中被植入的思考模式會控制你的行動

這樣的思考模式是從哪裡來的呢？沒有任何一個嬰兒會覺得「我沒有自信」或「我沒有魅力」，每個人剛出生時都是一張白紙，不具備任何思考模式；隨著成長過程，在家庭及學校裡接收許多不同的訊息、受到各種教導，而形成了現在的思考模式。

其中影響最大的，就是孩童時期最常聽到父母或親戚等身邊的大人不斷重複說的話，就算自己不記得，也已經刻入潛意識之中。

如果從小就看父母經商失敗、到處借錢，就會聯想到「賺錢對我來說（很困難）」這種否定的答案；相反地，如果從小就看著父母從事自己喜歡的工作、因爲工作受人尊重並從中賺取金錢，就會回答「賺錢對我來說（很快樂·簡單）」這種肯定的答案。

我們以爲自己的行動都是思考之後的結果，但其實從小的家庭環境及教育，都會在無意識中控制我們的行爲。實際上有超過九〇％的行動都是沒有自覺的，就像穿鞋的時候先穿右腳還是左腳一樣，是不需要思考的。

符合期待或不符合期待——你會意識到哪一種？

請大家看下一頁的插畫。

你會注意到哪一個？

注意到有缺角的東西。

你會先看見哪一個？幾乎所有人都會記住咬了一口的蘋果，會很自然地注意到有缺角的東西。

這就好像如果公司或學校裡有一個討厭鬼，你會一直把注意力放在這個人身上，而不會注意到還有很多親切、關心自己的人。幾乎每個人的潛意識都刻入了這種思考模式。

一天當中，你認爲自己分別花多少時間想著符合期待和不符合期待的事情呢？

只要觀察自己的情緒就會知道答

案。想著不符合期待的事情時，會產生不安及不開心的情緒；想著符合期待的事情時，則會產生開心雀躍的愉快情緒。

你比較常感到不安，還是比較常感到開心雀躍呢？一天當中，你有多少時間是處於開心雀躍的情緒？

或許是受到媒體新聞的影響，許多人常會不禁想到不符合期待的事情。如果只想著符合期待的事情，一整天就會處於開心雀躍的情緒，但我想應該沒有人這樣。由此可知，大部分人會在不知不覺中想到不符合期待的事情。

例如參加歌唱比賽甄選，應該很少人會抱著「參加甄選之後就可以出道當歌手，每天都可以唱著最愛的歌曲，帶給觀眾歡樂了！」這種想法，大部分的人應該都會想「我沒什麼才華，一定會被淘汰的啊，還是不要繼續做白日夢比較好」，甚至最後決定不要參加。

刻進無意識的思考模式，如果能映照出符合期待的世界，就沒有任何問題；但如果映照出的是不符合期待的世界，除非可以改變潛意識的思考模式，否則你的「世界」是不可能改變的。

如何重置思考模式？

那麼，我們應該如何換掉這些無意識刻入心中卻又沒有必要的思考模式呢？方法非常簡單，只要不斷重複就好。

就像「物超所值宜得利」因為不斷重複而深植內心一樣，如果改成「物超所值 **IKEA**」並且不斷重複，之後只要聽到「物超所值」，我們就會自動聯想到「**IKEA**」。

你的思考模式也是如此。

將「我沒有（自信）」，改成「我沒有（不可能）」。

將「賺錢對我來說（很困難）」改成「賺錢對我來說（很簡單）」。

當然也可以換成其他自然冒出來的詞彙。

「未來日記」可以幫助我們進行這種思考模式的重置。

每天先看一遍要描摹的句子，提筆書寫完後，再發出聲音唸一遍，就會慢慢改變無意識的思考模式。「未來日記」每一週有不同主題，同一週的每一天都會讓大家思考同一件事。

以第五週的主題「富足」爲例，或許大家從沒想過富足的各種型態，描摹的內容就是讓大家可以藉由這個機會思考。

即使你從不曾在人生中體驗過富足，或是目前處於無法感受富足的狀態，但只要每天閱讀並描摹關於富足的句子，就能察覺眼前的富足，並將富足慢慢地刻入潛意識。

藉由這種重複的動作，大腦就會自動幫你選擇富足的相關訊息讓你看見。

不知道為什麼最近特別幸運！

持續書寫「未來日記」之後，你會發現自然冒出來的想法開始產生變化了。

例如，以前每個星期一早上起床的時候，心裡會想：「啊～又要上班（上課）一個星期了，星期五怎麼不快點來？」這樣的想法說不定會變成：「啊～今天開始又是新的一週了，不知道有什麼開心的事情等著我。」

新的思考模式變成習慣之後，便會在無意識間開始自動操作，再也不需要多花力氣將注意力放在符合期待的事情上。

不須思考，許多想法會自然而然冒出來，像是：「不知道今天會發生什麼好事？」「會有什麼全新的體驗呢？」「今天要爲誰帶來歡樂好呢？」「今天早上也一如往常地醒過來，活著眞好～」

前面也提到，大腦會搜尋希望我們看見的事物，並引導我們去看。當我們習慣將焦點放在符合期待的思考模式之後，大腦就會不停地讓我們看見符合期待的事物，因此符合期待的世界就會在眼前展開。

說不定你會和其他學員一樣，開始感覺到「不知道爲什麼最近常發生幸運的事情」「我什麼都沒做，但身邊的人不知道爲什麼變得對我好好」。

Chapter

3

這樣寫就能帶來改變！人生從此不同的七個故事

好事接二連三！每個人都能實現願望

在我們出版本書之前，「未來日記」只是一本手工製作的小冊子，我們把它當作講座和工作坊的教材，分發給學員使用。幾天後，我們開始收到學員的訊息，告訴我們：「好事發生了！」從這些訊息中，可以感受到他們滿溢的喜悅。

看過許多學員的留言之後，我們發現一個共通點，那就是不論年紀、不論目前處於怎麼樣的狀態、無須特定身分，只要書寫「未來日記」就容易發生好事。

我們非常希望「未來日記」能讓每個讀者的人生變得更加充實、更加美滿。

各位要做的，就是依照之前建議的方式書寫即可。每天早上寫「未來日記」三分鐘，方法就是這麼簡單。只有每天書寫未來日記的人，可以體驗到好事接二連三發生、願望不斷實現。

接下來介紹一些學員的心得，也會聊到不同的寫法會發生怎麼樣的事情，以及書寫時的小技巧。

Happiness 1

不再為現金周轉而煩惱！有種莫名其妙的感覺

松本千先生今年五十多歲，是個腳踏實地的公司經營者。他於二月十一日參加東京的「未來日記」講座，當時我聽說他正爲了資金不足而煩惱。

據說當時他抱持著「來這種講座到底好不好？」的懷疑態度，但還是抱著死馬當活馬醫的心態來了。我們在講座中會預留較多時間讓學員靜下來書寫未來日記，松本先生當時看起來有點疑惑，臉上寫著「這麼做眞的有效嗎？」的表情。

松本先生在事後的問卷裡是這麼寫的：「聽了一些體驗心得分享，對於理解內容很有幫助。」「很有意思，對講座內容也有充分了解。謝謝！」

兩天後，我們收到松本先生傳來以下訊息。

二〇二〇年二月十三日

早安。沒想到這麼快就看到未來日記的神奇效果！

昨天我在日記裡這麼寫著：

「今天的營業收入存款又飆高了，好開心。這樣我就放心了！非常感謝。近來好多訂單，變得超忙。能安全又順利地周轉眞是太好了。感覺錢好像從宇宙各個角落轉到我這裡，太感恩了！謝謝!!!」

結果沒想到（資金）就突然轉起來了。而且傍晚去銀行刷簿子時，居然有十二萬的匯款進來，剛好可以付十三日到期的九萬！太棒了！好開心!!謝謝!!!

松本先生說他實在太開心，每天都迫不及待想寫「未來日記」。五天後，我們收到他的第二則訊息。

二〇二〇年二月十八日

午安！令人訝異的效果又發生了。

今天突然收到一筆預料之外的訂單，這個月的營業額確定會多七到十萬了!!這個客户平常下訂單都要報價↓報價OK↓特定季節才下單，總要花上不少時間。依照往年慣例的話，二月是不會拿到訂單的，所以我嚇了好大一跳。眞是太開心了，謝謝！太感謝了!!

松本先生對於錢動起來這件事非常驚訝，效果也讓他很開心，所以養成了每天早上帶著期待的心情書寫「未來日記」的習慣，之後好事仍接二連三地發生。

二〇二〇年二月二十九日

我們公司每年二月的營業額都上不去，而且又剛好遇到十二月營業額飆高的貨款都在這個時候付，所以是周轉最緊的時候。二月十一日去參加講座也是抱著「在二月這麼緊繃的時候去參加講座好嗎？」的心情前往。

原本我老是會想：「啊～這個月錢又不夠了，怎麼辦？眞是傷腦筋！」但是在寫未來日記的過程中，這些想法統統沒了，變成：「一定會出乎意料地船到橋頭自然直！」「今天也賺好多錢，笑到停不下來。」「好幸福，太感謝了！」結果，眞的出乎意料地船到橋頭自然直了，本來還以爲資金會不足七十到一百萬！哇，眞是太不可思議了！而且太開心了♪迫不及待向兩位報告。眞由美老師、弘美老師，謝謝妳們！

二〇二〇年四月二十二日

早安。二月十一日開始寫未來日記，今天寫完了最後一天。每天早上我都寫得好開心，而且確實帶來好的結果。我想繼續寫下去。

濱田老師、山田老師，謝謝妳們！

爲什麼松本先生那麼快就遇到好事情？爲什麼會想繼續寫？原因就在於他照我們所說的去做做看。

深呼吸一口氣，暫時脫離現狀，跟著範本一筆一畫仔細描摹。接著再假裝自己預知未來，寫下希望今天發生的事情。

只是簡單地持續這個做法，預知的內容就會在幾天後實現，並一直重複下去。對松本先生來說，原本理所當然的日常，就從「因爲資金不足而每天提心吊膽的日常」，開始轉變爲「資金順利周轉的日常」。

到底為什麼！營業額比去年增加了五一．四%

二〇二〇年七月二日

受到疫情影響，五月的營業額比去年同月少了二〇．二%。但是！聽了很多次老師們的分享之後，我決定改變內心的想法，告訴自己「今天也賺了好多錢，笑都止不住了」，並且盡可能笑臉迎人，將焦點放在我所期待的未來，隨時保持心情愉悅。結果，六月的營業額居然比去年多了五一．四%。到底爲什麼！嗯～感覺好莫名其妙喔，不過無所謂啦！

本書作者之一山田以前被騙、收不到工程款的時候，一度嚇到失了神。因爲一直以來過得非常幸福又順利，所以發生這樣的事情讓她完全嚇傻，有種非常莫名其妙的感覺。

相反地，松本先生則是一直處在資金不足帶來的不安壓力之中，對他來說，潛意識處於不安反而是常態。

雖然並非自己所願，但身處不安的狀態反而讓他覺得「對對！這才是我熟悉的那種感覺，這樣地理所當然，讓人感覺心安」。雖然理智上不喜歡這種感覺，但深層心理卻感到安心。所以，當一切順利照著自己期望走的時候，我們都不會覺得順利是理所當然的，反而會覺得「莫名其妙」。

或許各位讀者會覺得不可思議，但其實當好事接二連三發生時，我們常會不知如何是好，覺得不可能有這麼多好事發生在自己身上，或是認爲說不定是壞事發生的預兆。

松本先生在訊息裡提到「改變內心的想法」。相信各位讀者在描摹「未來日記」的範本時，會發現自己逐漸變得心無旁鶩，一些過去的內心習慣會在這個時候消失。

描摹的範本可以讓所有人開始留意到內心嚮往的事物，因此靜下心來一筆一畫仔細描摹的同時，自然能將這些句子刻劃在心裡。非常希望松本先生能繼續描摹，直到好事發生和富足而幸福自然成爲他的「理所當然」。

Happiness 2
希望得到一百五十萬，一百五十萬就來了

四十多歲的信林女士最近搬家了。在她產生「如果有一百五十萬元，就可以買新車和新家具」的念頭時，開始寫「未來日記」。寫了不久，居然就得到一百五十萬元，這讓她非常驚訝，傳了以下訊息給我們。我們完全可以從訊息中感覺到她有多麼興奮。

二〇二〇年十月十六日

最近因爲搬家的關係，需要一筆錢展開新生活及買車，於是就抱著期待的心情，在未來日記的第二天寫下，「一百五十萬現金突然進來了！太感謝了♡♡♡♡♡」。接著把千元眞鈔和看起來很像鈔票的筆記本，一起

放進銀行的信封裡，整包看起來就像裝了好多疊三十萬一樣。然後把這個信封放在家裡，不斷告訴自己我就是有這麼多錢。

隔天我在日記裡具體列出要如何使用這筆錢。就在我寫下「一百五十萬現金突然進來了」的三天後，居然就拿到錢了。原本以爲再花十年都不知道會不會拿到這筆錢呢。本來以爲沒希望拿回這一百五十萬元!!居然那麼順利就進來了!!就這樣自己送上門了!!這簡直是奇蹟!!實在太感恩了，我好幸福!

信林女士說她每天早上寫完日記之後，就覺得這些事情已經成眞，心情非常開心，所以一整天都過得非常雀躍，笑嘻嘻的。過了幾天後她又再傳訊息來說這麼做應該沒有問題吧。而且她很認眞地實行我們傳授的方法，也就是剛才提到的用筆記本假裝整疊鈔票。這麼做可以更容易想像很多錢放在信封裡的感覺，令人莞爾一笑。

因爲事關學員隱私，所以我們沒有進一步細問，但這一百五十萬或許是她之前借出去的錢吧。

而她之所以會在一開始就寫下一百五十萬這個數字，或許也是因爲深層心理抱著「那筆錢拿回來的話，就可以買新車和家具」的遺憾，在那個瞬間無意識地浮了出來。

就像她在訊息中提到「本來以爲沒希望拿回來了」，所以她早就不抱希望。但因爲在日記寫下「一百五十萬現金突然進來了！太感謝了♡♡♡♡♡」，結果在深層心理，那就變成預計會收回來的錢了。

深層心理被置換的瞬間

曾經向親友借過鉅款的人就會知道，除非你一開始就打算用騙的、做好惹上官司的心理準備，否則心裡都會抱著「一定要還錢」的強烈念頭。

而債權人越是像媽祖娘般慈祥和藹，借錢人心中那股一定要還錢的情緒就會更加強烈。神奇的是，債權人可以感受到債務人的這種心情。

信林女士沒有逼問債務人「你不打算還錢對不對？」，也沒有跟他說「我相信你一定會爽快地還我錢」。在這個案例中，我相信一定是因爲信林的深層心理在某一天突然「啪！」地切換之後，債務人就感應到了。

在我想像中，債務人或許是無意間想起手邊的一百五十萬，而產生「這些錢轉了那麼多地方，也差不多該還給信林了」的念頭，並實際採取行動。

某些實驗結果發現，讓植物聽音樂會影響植物的生長，不同的音頻會使植物枯萎或生長得茂盛又青翠。科學也已經證實人的思考及情緒具有不同的頻率。

或許是信林女士發出了肉眼看不見的深層心理頻率，而這個頻率透過以心傳心的方式，將債務人原本已經枯萎的頻率，轉換成長得茂密又青翠的頻率，因而改變了整件事情的結果也說不定。

體驗到如此戲劇化的改變之後，我想信林的心裡已經刻下掌握到訣竅的感覺。除了金錢方面的經驗，希望信林也能繼續藉由「未來日記」，使好事發生在各個不同層面，體驗到更多「奇蹟」的片刻。

也希望各位讀者跟信林一樣，感受到事情好轉的各種體驗。

Happiness 3 得以從事心目中理想工作的原因

五十多歲的芙洛亞朋子女士非常愛家，是一位溫柔的母親。她說自己在離開服務多年的工作崗位後開始寫「未來日記」，並於一年半之後開始實現願望。

我在未來日記裡寫下：「希望做自己喜歡的事情、看見更多人的笑容，我非常樂於撫慰人心的工作之中。」一年後，受到當初推著我從事這份工作的朋友幫助，以治療師身分開設了網站。一年半過去了，我一步一步達成了「做自己喜歡的事情、看見更多人的笑容，從事撫慰人心的工作」的目標。

芙洛亞女士抱著「希望可以從事這樣的工作」的想法，本以爲不可能實現，但還是把這件事寫在「未來日記」裡。藏在心裡的事情，是我們肉眼看不到、耳朵聽不見的，但只要把它化爲文字，再透過眼睛看，就會被引導出接下來的想法與想像。

如果有人對你下指令說「請想像一下」，我們會疑惑：「到底要想像什麼？」如果指令是「請想像一下月亮」，那麼每個人的大腦就會浮現各種不同的月亮及月亮高掛空中的畫面。同樣地，假如將一些漫無邊際的想法化爲「詞彙」，就能與思考和想像進行連結了。

除了訊息裡提到的這件事之外，我想芙洛亞朋子在「未來日記」裡應該還提到更多關於工作的事情。這些詞彙引導出更多念頭及想像，並不斷變大、膨脹，讓我們在不經意間聊到同樣的話題，或是看見當中所需的事物。或許也會在無意識中採取某些行動，帶來好的結果。

「未來日記」的內容就是這樣逐漸實現的。

Happiness 4 也能與「討厭鬼」建立良好關係

H．N與我們分享他在書寫「未來日記」的第一天就改善了人際關係的經驗。

我在第一天寫下：「自己所想的事情可以開心地表現出來，也能將這份開心傳達給對方，建立了良好的人際關係。」寫的時候，我心中並沒有特定對象。

這天，某人突然爆出好多負面思想，晚上我收到訊息後才發現，原來是因爲我誤會他。至今已經過了三個月，目前我們仍然維持很好的關係。

第一天其實還搞不太清楚怎麼寫比較好，但或許「自己所想的事情可以開心地表現出來，也能將這份開心傳達給對方，建立了良好的人際關係」這幾句話已經刻入我的潛意識了吧。三個月後的現在，不知道這個意識是否還停留在我心裡，但因爲我們仍然維持著良好的關係，所以我想應該順利淨化了自己的心吧。

當我們遇到人際關係的問題時，總會帶著批判想：「那個人的這個地方不好，我討厭他。」並且會忍不住想改變對方，希望對方成爲我們心中理想的樣子。人際關係並不是單向的，因爲對方其實也和你抱有相同的想法，就像鏡子裡看見的一切都與現實相反一樣。

只要抱著反敗爲勝的心情，試著改變自己，對方也會跟著改變。在「未來日記」裡，請將對他人的批評放在一邊，只要寫下讓自己心情變好的句子就好了。

我想一定是H．N寫下「自己所想的事情可以開心地表現出來，也能將這份開心傳達給對方，建立了良好的人際關係」這段文字之後，帶著好心情展開美好的一天，使他說話的樣子和表情，在對方眼中看起來顯得特別柔和而開朗。而對方也感覺可能受到一些誤解，引發了「傳個訊息過去，說不定他會接受」的想法，才會在晚上傳訊息給H．N。

自己的改變最重要

接下來介紹另一個類似的例子。

某位在外商公司負責專案的女性主管向我們訴苦，她說：「團隊的成員都不配合，每次都是我們團隊的成績最差。」

當時我們告訴她不要更換團隊成員，也不要建議同事應該怎麼做才能提升團隊成績，而是只要去發掘對方的優點，對每位同事說出感謝即可。

這位女學員馬上照著我們的建議去做。沒想到，令人驚訝的事情發生了：同事們的態度有了一百八十度的轉變，紛紛表示「願意爲妳做任何事」，結果這個團隊拿到全球第一的成績並獲得表揚。

女學員開心地向我們報告這件事，還激動地轉述同事們的反饋，像是：「能在妳的團隊裡眞是太棒了！」「願意爲妳做任何事！」

就像這個例子，當我們對人產生「好討厭他」「希望他改變」的想法時，最好的方法就是改變自己。直接面對面表達或許有些困難，這個時候，請大家像H．N一樣，寫在「未來日記」裡試試看，相信一定會有某些事情開始產生變化。

Happiness 5 放下執著後終於得以改建住家

四十多歲的N．Y是一位芳療師。她在「未來日記」寫到了舒適、自在的空間，後來眞的改建了自己的家。

二〇二〇年七月十一日～二〇二〇年九月十日

我在第三天這樣寫：「家裡變成了一個非常舒適的空間，客人常常造訪，是一個可以放鬆的空間。水區也好棒！廚房太棒了!!每天做菜超開心!!!」

過了八到十天後，家人突然開始聊起要不要重新裝修的事。結果聊得非常順利，最後居然演變到不只裝修，而是整間重建！我也將獲得夢寐以求的工作室！

我先生之前對家裡的事總是以不變應萬變，讓我有點放棄，心想：「維持這樣也不錯啦。」後來我決定放下心中的執著，在未來日記寫下剛才那些內容。沒想到，明明平常都不會聊到裝潢的事，不知道爲什麼先生突然像是被人按了開關一樣！

又過了一個星期，之前預約的山田弘美的著作在這個最佳時機點寄到家裡。

雖然距離完工還有一段時間，但事情進行得很順利。我和先生兩人對新家充滿了各種想像！

被人強迫只會失去動力

相信大家都有這樣的經驗，當你正準備做功課時，突然聽到父母說：

「功課做完沒？還不快去做！」這時你會完全失去動力，變得一點也不想做了。長大成人後也是一樣，明明我們本來就知道怎麼做，卻有人壓著我們說「就是要這樣做」，而別人越是這樣說，我們越會在心裡認爲「這樣做不對」，故意提出相反的主張，或是乾脆不說話了。

在N・Y的例子中，說不定她先生早就在心裡默默有了「希望實現太太的願望，將家裡改建成舒適的空間」的想法，但沒有人察覺他心中眞正的想法，於是每次家人聊到改建話題時，他無法拉下臉來坦率地加入。

我想，在N・Y於日記裡寫下「家裡變成了一個非常舒適的空間，客人常常造訪，是一個可以放鬆的空間。水區也好棒！廚房太棒了!!每天做菜超開心!!!」這些句子之後，一直到家人開始聊到裝修之前，都沒有提起這個話題吧。

或許就像小學生一樣，父母沒有問「怎麼還沒做？」的話，說不定早就做完了。

其實我在小學一年級到二年級這段期間，也因爲每次上課時都搶著說出正確答案，使老師無法好好上課，所以被要求每天讀一本書，還要寫讀書心得交給班導師。我按捺不住心裡好多想說的話，班導師卻想出這麼好的方法將這些話壓抑下來了，從此我變得可以忍住不說話，也不會影響上課了。

「未來日記」也具備了類似的效果。

Happiness 6 從充滿不安的人生轉變為充滿期待的人生

H．Y女士七十多歲，前文裡提到的「希望得到一百五十萬，結果一百五十萬眞的來了」的信林是她女兒。她和女兒在同一時間開始寫「未來日記」，連續寫滿七個星期四十九天，她也發了訊息給我們。

二〇二〇年九月六日

七月二日收到未來日記後連續寫了四十九天，但我不想停下來，有非常強烈的意願想繼續寫下去。我太喜歡未來日記了，收到新的日記之前，我甚至用藍色原子筆在鉛筆字上又描了一遍。

只是一筆一畫仔細地描摹這些正向而優美的文字，這些句子就會進入心裡。

因爲每天都書寫充滿期待、正向的事情，所以自己也變得可以用光明而正向的方式思考。以前我算是一個容易操煩、容易感到不安的人，所以常常成爲悲劇的主角，但現在我希望剩下的日子都能過得開朗、快樂而充滿期待。

我發現寫了未來日記之後，就好像把一直以來期待的事情吸引到自己身邊來一樣，願望都實現了。

例如，以前我每個月都會和朋友聚餐一次，但受到疫情影響，已經六個月沒有出去了，確診人數突然暴增，我們這些年紀大的族群都乖乖不敢出門。於是我在未來日記裡寫：「搬家之前有機會再見到這些朋友。雖然好久不見了，但我們之間的友誼還是這麼溫暖，也把我推薦的書送到大家手上。」結果熱切的心聲終於成眞，我們終於能戴著口罩見面，也順利把書送出去了！

我還在備註欄寫下當天的身體狀況及發生的事情，像寫日記一樣，非常好用。發生了那麼多好事，我也會推薦給身邊的朋友。每天都非常期待寫日記。

眞由美和弘美，謝謝妳們！

不要把時間浪費在擔心上

相信許多人都和H．Y一樣，擔心老後的人生吧。因爲全球發生了這麼重大的事件，限制了所有人的生活，使人們的不安更嚴重。眞心認爲各位在這個艱困的時候，動手書寫「未來日記」是件很棒的事情。

爲了還沒有發生的事情感到擔心，而浪費了充滿可能性的時刻，沒有什麼比這更白費力氣了。這些事在現實世界中根本沒有發生，只存在於我們的大腦和內心。

我們的內心不論在任何狀況下，都蘊含著無限的可能與自由。每個人都被平等地賦予生、死與心靈，但我們不能自由掌控生與死，唯一能自由掌控的是「心靈」。心靈不自由，人就無法獲得幸福。

「未來日記」讓H．Y女士的心變得自由，而且她也已經掌握身處任何狀態都能感覺幸福的訣竅。

這個世界瞬息萬變，當你對於一切的變化感到不安時，就向不幸更靠攏了一步。希望大家不要忘記，無論身在任何狀況之中，你的心都是自由的。會讓原本自由的心感覺限制與不安、使心變得不自由的，只有你自己。

不管幾歲、處於怎麼樣的狀況，希望每個人都能藉由「未來日記」拿回自由的心，享受充滿幸福的此時此刻。

Happiness 7

我擁有一切

須田三枝子女士有三個孩子，第二個女兒是身障兒。她告訴我們，以前總感嘆爲什麼只有自己遇到這種事，但寫了「未來日記」之後，三枝子女士的心境轉變了，身邊發生的事情也慢慢產生變化。

二〇二〇年七月十六日

今天早上的未來日記是第三個星期了。從七月二日起，已經成爲每天早上的習慣。起床後沖個澡、提振一下精神，接著拿出最喜歡的藍筆，準備好喝的香草茶，最近還會一邊喝檸檬水，開啓一天中最幸福的「早晨黃金時間」。

今天的主題是「新習慣」，我馬上振筆疾書，寫下了要正面迎接今天。

剛寫完一個星期時，我總會看到沒有用的自己，會一直看到自己沒有的東西。但現在我每天都感覺到「啊～我已經擁有一切，而且確實存在於此」。

另外，平常老是因爲刷卡刷太兇被先生罵，沒想到他居然對我說「謝謝妳這麼省」，眞是嚇了我好大一跳。

我常常生活費超支，以爲又要聽老公抱怨了，沒想到他居然對我說謝謝!!雖然未來日記還沒有寫完，但我已經想要一直一直寫下去。

二〇二〇年八月二十二日

已經寫完四十九天的未來日記，現在寫第二本。今天是第五十二天。

早上的三分鐘黃金時間。

三個孩子還在帶便當的時候，根本沒辦法這樣悠閒地享受早上時光，但孩子都大了。從七月二日開始寫未來日記，不知不覺成爲了一個令人開心的習慣。

早早起床、淋浴，喝杯美味的水，一邊播放讓我心情放鬆的音樂，放一些喜歡的香氛，早上的三分鐘黃金時間可說是我最享受的時刻。只要想到「該如何創造今天一整天好呢？」，就讓我帶著雀躍的心情來寫日記。

剛好第三十八天是我生日，第六週的主題是「自己的魅力」，而第三十八天的描摹寫的是「謝謝」。當天就跟我預先寫好的日記一樣，先生親口對我說了生日快樂。從早上開始就讓我非常驚喜，以前他都是用簡訊傳生日快樂給我。

我的小女兒千尋患有三染色體症。

上面兩個孩子都已經長大離家獨自生活，我和先生之間也無話可說，平常是我獨自照顧千尋，所以心中有很多不滿和抱怨。但每天早上寫了日記之後，看著千尋睡著時可愛的臉龐，以及聽我唱歌時開心得不得了的樣子，雖然千尋什麼都不會，但她的存在，開始讓我感覺我已經擁有一切。

每天我都會寫下：「今天也過得很有活力。」雖然一刻不得閒，但開車帶千尋去車程十分鐘的生活看護中心這段路程，我都會在車上播我們兩人很喜歡的音樂。尤其這五年來，我們都一起去看福山雅治的演唱會，所以前奏一出來就知道是什麼曲子，非常開心♡

雖然出門受到很多限制，沒辦法想去哪就去哪（因爲疫情的關係）……在未來日記中，下週我將會依計畫帶千尋和她的好友一家人到東北去泡溫泉。我已經看到未來有機會與未來日記的前輩T．T見面，並度過快樂的時光。

二〇二〇年九月二十二日

早上六點我寫了這段文字：「一直很想去秋分之日工作坊暨慶典，沒想到居然和千尋一起獲得主辦單位邀請～太感謝了！」結果，眞的接到邀請了！自己報名的話要花不少錢。

千尋先收到邀請，我問主辦單位可不可以攜伴參加，在還沒收到回覆前就匆匆忙忙出門了。沒想到抵達會場後完全被當作VIP接待，社長還親自幫我帶位。而且千尋第一次參加長達六個小時的工作坊，因爲是主辦單位主動找她來的，所以在會場上得到所有人滿滿愛的能量，這根本是奇蹟。

早上六點多寫下這一天的未來日記，居然就神奇地實現了。

你的身邊也一直存在著「希望之光」

因爲女兒患有三染色體症，三枝子女士過得並不順遂，而且一直抱著「爲什麼只有我這樣」的想法，覺得自己比其他人不幸。

「未來日記」讓我們與最重要的自己對話。不同於在網路上寫些漂亮的場面話，也不須與人對話、不須讚許他人或與人爭論，書寫「未來日記」可以坦誠地敞開心胸與自己對話，不會被別人聽到或知道。

透過書寫日記，心中的芥蒂會慢慢消失。你將發現一件重要的事情，那就是無須和任何人比較，內心其實早已擁有更重要的東西。

不論何時，這個世界一直持續燃著希望之光。不須再垂頭喪氣，只要願意抬起頭察覺這道光芒，就能朝著遠方的光慢慢前進。

這道光不在烏雲後面，而是在身邊。在心裡持續發光的太陽……對三枝子女士而言，這道光就是千尋。藉由這道光找到出口，在抵達出口之前，一直默默陪在身邊的，就是「未來日記」，以及繼續寫下去的自己。

後記

一切將從你自己獲得幸福後展開

寫完了四十九天的「未來日記」，各位感覺怎麼樣呢？

每天所做的只是一筆一畫仔細描摹，接著寫下希望發生的事情。不過，與其獨自在黑暗中摸索前進，不如和親友約定好一起做這件事，並互相分享日記裡有哪些事情成眞，寫起來會更加愉快、更容易實現願望。

如果還有一個分享的場域，應該更能提升大家參與的樂趣，更能掌握當中的訣竅。

這本書之所以會以兩人共同著作的方式誕生，是因爲我們兩人在不同時期分別有過類似的體驗。

眞由美在幾年前看過一個畫面。在那畫面之中，某個人的心裡有一道亮光，接著亮點彷彿水滴落在水面後，水波不斷向外擴散出去似地，瞬間就包覆整個地球。在這個畫面之後，出現了一句話：「世界和平是那麼簡單。」

而弘美則是在創業不久後看見一個畫面。畫面中某人的靈魂散發出光芒，並自然地擴及家人，接著整個屋子開始散發令人嘆爲觀止的藍色光芒，而且光芒也延伸到整個城鎮、國家，甚至是其他國家，最後整個地球都散發出藍色光芒。看著這樣的景象，弘美了解到只要自己幸福，世界就會和平。於是決定寫這本書。

只要你得到幸福，這個幸福就會感染到周遭。加州大學聖地牙哥分校的詹姆斯．H．福勒教授和哈佛大學的尼古拉斯．克里斯塔基斯教授，曾經於二〇〇八年發表一篇論文。兩人進行一項長達二十年、追蹤四千七百人的實驗，得到了幸福會感染三次的結果。也就是說，如果你很幸福，這個幸福會感染給①你的妹妹、②妹妹的男朋友、③男朋友的媽媽。

你唯一能做的，就是讓自己幸福。首先，請讓自己的世界裡充滿愛與和平、希望與富足。你能做的只有這樣，而且這樣就非常足夠了。

你獲得幸福之後，這份幸福會擴及到身邊的人、家人、朋友、同事、你所處的社群、全國，甚至全世界。我們常會以爲自己一個人不可能爲整個世界帶來改變，但事實並非如此，因爲每個人的身上都有著大到自己無法置信的力量。

你的「世界」是由你打造，也請不要忘記你可以在任何時候隨意改變這個世界的樣貌。

祝願每位讀者的「世界」隨時處於幸福與和平。

山田弘美

濱田眞由美

Eurasian Publishing Group
圓神出版事業機構
方智出版社 Fine Press
www.booklife.com.tw
reader@mail.eurasian.com.tw
自信人生 174

3分鐘未來日記：寫下的願望真的都實現了！【1書+1日記】

作　　者／山田弘美．濱田真由美
譯　　者／龔婉如
發 行 人／簡志忠
出 版 者／方智出版社股份有限公司
地　　址／臺北市南京東路四段50號6樓之1
電　　話／（02）2579-6600．2579-8800．2570-3939
傳　　真／（02）2579-0338．2577-3220．2570-3636
總 編 輯／陳秋月
副總編輯／賴良珠
主　　編／黃淑雲
責任編輯／胡靜佳
校　　對／胡靜佳．黃淑雲
美術編輯／林韋伶
行銷企畫／陳禹伶．王莉莉
印務統籌／劉鳳剛．高榮祥
監　　印／高榮祥
排　　版／杜易蓉
經 銷 商／叩應股份有限公司
郵撥帳號／18707239
法律顧問／圓神出版事業機構法律顧問　蕭雄淋律師
印　　刷／祥峰印刷廠
2021年11月　初版
2024年5月　38刷
MIRAI SAKIDORI NIKKI

定價320元　ISBN 978-986-175-637-0

願望之所以沒有實現，並不是吸引力法則沒有發揮作用，
而是吸引到潛意識裡的東西。

——《好事吸引力結界》

◆ **很喜歡這本書，很想要分享**

國家圖書館出版品預行編目資料

3分鐘未來日記：寫下的願望真的都實現了！【1書+1日記】／
山田弘美，濱田真由美 著；龔婉如 譯.
-- 初版. -- 臺北市：方智出版社股份有限公司，2021.11
160面；14.8×20.8公分 --（自信人生；174）
譯自： 未来先取り日記
ISBN 978-986-175-637-0（平裝）

1. 生活指導　2. 自我實現

177.2　　110015400